школа - a skoro	2
подорож - a koiri	5
транспорт - a transport	8
місто - a foto	10
ландшафт - a landschap	14
ресторан - a restaurant	17
супермаркет - a wenkri	20
напої - a dringi	22
їжа - a nyan	23
ферма - a burugron	27
дім - a oso	31
вітальня - a foroisi	33
кухня - a botrali	35
ванна кімната - a was oso	38
дитяча кімната - a pikin kamra	42
одяг - a krosi	44
офіс - a kantoro	49
економіка - a ekonomia	51
професії - den kari	53
інструменти - a wrokosani	56
музичні інструменти - den poku sani	57
зоопарк - a meti dyari	59
спорт - a sport	62
дії - den aktifiteit	63
сім'я - a famiri	67
тіло - a skin	68
лікарня - a ati oso	72
аварійний випадок - a nowtu	76
Земля - a grontapu	77
годинник - oloisi	79
тиждень - a wiki	80
рік - a yari	81
форми - den form	83
фарби - kloru	84
протилежності - difrenti	85
числа - den nomru	88
мови - den tongo	90
хто / що / як - suma / sang / fa	91
де - pe	92

Impressum
Verlag: BABADADA GmbH, Nedderfeld 112 , 22529 Hamburg
Geschäftsführer / Verlagsleitung: Harald Hof
Druck: Books on Demand GmbH, In de Tarpen 42, 22848 Norderstedt

Imprint
Publisher: BABADADA GmbH, Nedderfeld 112 , 22529 Hamburg, Germany
Managing Director / Publishing direction: Harald Hof
Print: Books on Demand GmbH, In de Tarpen 42, 22848 Norderstedt

школа
a skoro

ділити — prati
дошка — a bord
класна кімната — a klas
шкільний двір — a skoro dyari
вчитель — a leriman
папір — a papira
ручка — a pen
письмовий стіл — a tafra
лінійка — a lati
книга — a buku
писати — skrifi
учень — a studenti

ранець
a skorotas

пенал
a kisi

олівець
a skriftiki

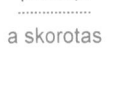

точило
a srapu

гумка
a sisibi

альбом для малювання
a prenki buku

малюнок
a prenki

пензель
a kwasi

коробка фарб
a ferfidosu

ножиці
a sisei

клей
a gomma

зошит
a skrifbuku

домашнє завдання
a skorowroko

число
a nomru

додавати
teri

віднімати
koti

множити
vermenigvuldig

рахувати
teri

літера
a brifi

абетка
a alfabet

слово
a wortu

школа - a skoro

текст
a wortu

читати
lesi

крейда
a kreiti

година
a yuru

класний журнал
a klasbuku

екзамен
a examen

диплом
a skoropapira

шкільна форма
a sem skoro krosi

освіта
a skoro

лексикон
a encyklopedie

університет
a unifersiteit

мікроскоп
a mikroskoop

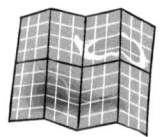
карта
a karta

кошик для паперу
a doti embre

школа - a skoro

подорож
a koiri

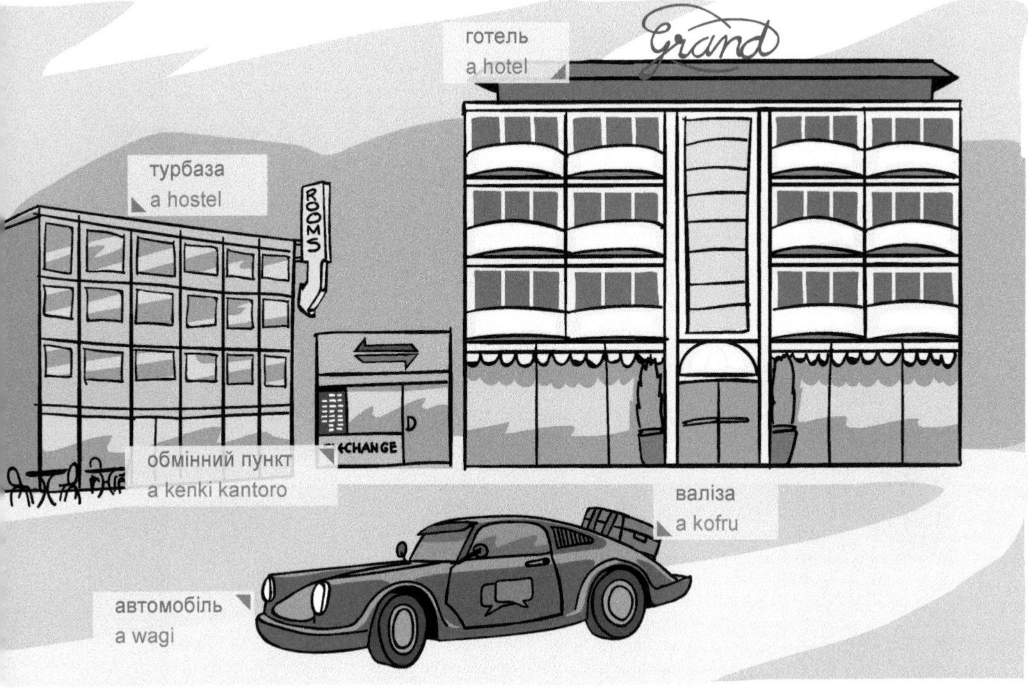

Grand
готель
a hotel
турбаза
a hostel
ROOMS
обмінний пункт
a kenki kantoro
валіза
a kofru
автомобіль
a wagi

мова

a tongo

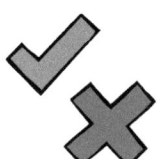

так / ні

ai / no

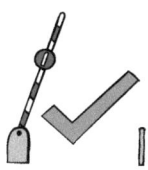

добре

afen

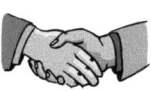

привіт

Ei!

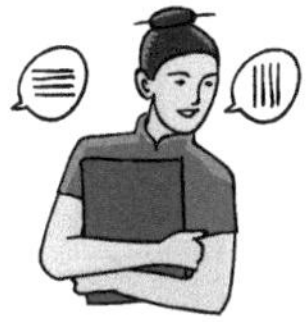

перекладач

a torku

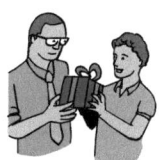

дякую

Grantangi

Скільки коштує ...?
O meni...?

Я не розумію
Mi ne ferstan

проблема
a problema

Добрий вечір!
Kuneti!

Доброго ранку!
Morgu!

На добраніч!
Kuneti!

До побачення
Adyosi!

напрямок
a beni

багаж
a bagasi

сумка
a tas

рюкзак
a tas

гість
a fisiti

кімната
a kamra

спальний мішок
a sribi saka

намет
a tenti

подорож - a koiri

туристична інформація
a reiskantoro

пляж
a sekanti

кредитна картка
a kreditkarta

сніданок
a mamanten nyanyan

обід
nyanyan

вечеря
a nyanyan

квиток
a karta

ліфт
a lift

поштова марка
a stampu

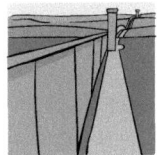

межа
a lanki

митниця
a douane

посольство
a ambassade

віза
a fisa

паспорт
a pasportu

подорож - a koiri

транспорт
a transport

літак - a isrifowru
корабель - a boto
пожежна машина - a brandweerwagi
вантажний автомобіль - a wagi
автобус - a bus
моторний човен - a motro boto
автомобіль - a wagi
велосипед - a baisigri

пором

a pondo

човен

a boto

мотоцикл

a motro

поліцейська машина

a skowtu wagi

гоночний автомобіль

a streilon wagi

автомобіль на прокат

a yuru wagi

пільне користування авто	евакуатор	сміттєвоз
a wagi prati	a takelwagi	a doti wagi

двигун	паливо	автозаправна станція
a motro	a oli	a oli pompu
	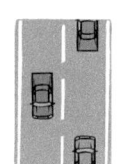	
дорожній знак	рух	затор
a ferkeermarki	a ferkeer	a reylo

стоянка	вокзал	рейки
a parkeerpresi	a lokopresi	den rail
	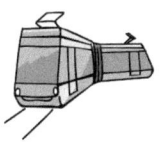	
потяг	трамвай	вагон
a loko	a loko	a wagi

транспорт - a transport

гелікоптер
a helikopter

аеропорт
a opolangi

вежа
a fortresi

пасажир
a pasasir

контейнер
a kontainer

коробка
a doso

візок
a wagi

кошик
a baskita

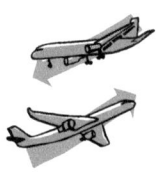
стартувати / приземлятися
opo go / saka

місто
a foto

село
a dorpu

центр міста
a fotosei

дім
a oso

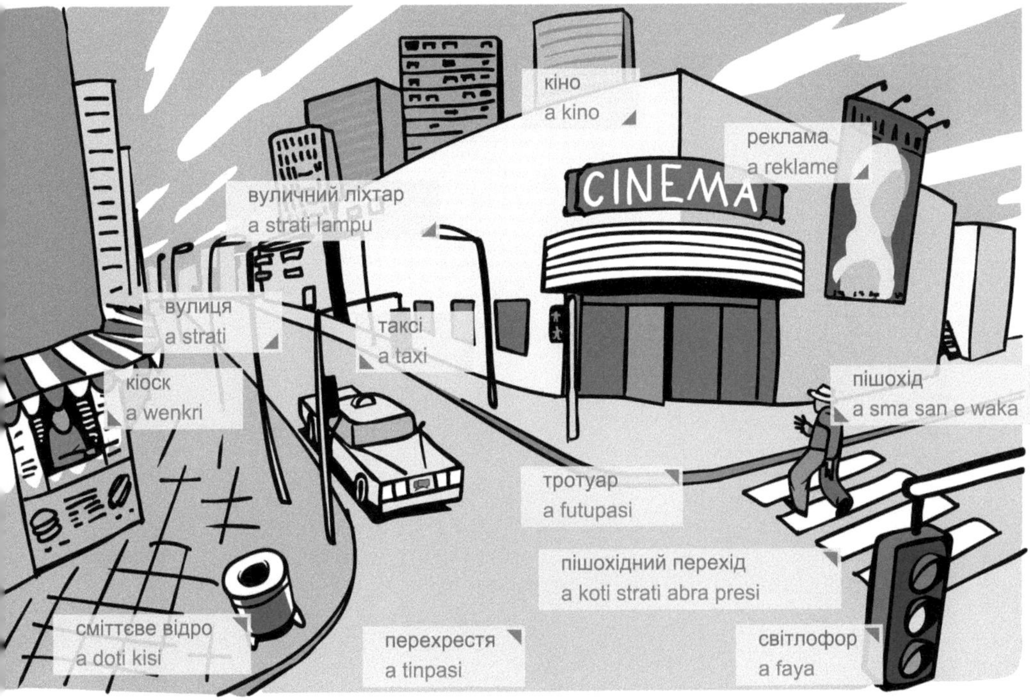

кіно
a kino

реклама
a reklame

вуличний ліхтар
a strati lampu

вулиця
a strati

таксі
a taxi

пішохід
a sma san e waka

кіоск
a wenkri

тротуар
a futupasi

пішохідний перехід
a koti strati abra presi

сміттєве відро
a doti kisi

перехрестя
a tinpasi

світлофор
a faya

хатина
a kampu

квартира
a oso

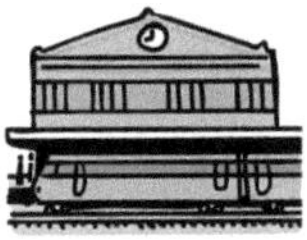

вокзал
a lokopresi

ратуша
a foto oso

музей
a museum

школа
a skoro

місто - a foto

університет

a unifersiteit

банк

a bangi

лікарня

a ati oso

готель

a hotel

аптека

a apteiki

офіс

a kantoro

книжковий магазин

a buku winkri

магазин

a wenkri

квітковий магазин

a bromki winkri

супермаркет

a wenkri

ринок

a wowoyo

універмаг

a wowoyo

торговець рибою

a fisi seri man

торговельний центр

a bigi wenkri

гавань

a lanpresi

парк

a park

лава

a bangi

міст

a broki

сходи

a trapu

метро

a fatyawagi

тунель

a ondrogron-strati

автобусна зупинка

a bushalte

бар

a bar

ресторан

a restaurant

поштова скринька

a brifibus

вулична табличка

a strati nen marki

лічильник паркування

a parkeer marki

зоопарк

a meti dyari

басейн

a swen presi

мечеть

a gado-oso

місто - a foto

ферма
a burugron

забруднення навколишнього середовища
a doti sani

кладовище
a berpe

церква
a kerki

дитячий майданчик
a prei presi

храм
a gado-oso

ландшафт
a landschap

- листок — a wiwiri
- вказівний стовп — a pasi marki
- шлях — a pasi
- луг — a wei
- камінь — a ston
- дерево — a bon
- мандрівник — a koiri sma
- річка — a libi
- трава — a grasi
- квітка — a bromki

долина

a lagi presi

гора

a lebriki

озеро

a fisi-olo

ліс

a busi

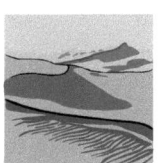

пустеля

a dreisabana

вулкан

a bergi

замок

a ridder-oso

веселка

a alenbo

гриб

a todoprasoro

пальма

a palmbon

комар

a maskita

муха

a freifrei

мурашка

a mira

бджола

a waswasi

павук

a anansi

ландшафт - a landschap

жук
a asege

жаба
a todo

вивірка
a bonboni

їжак
a agidya

заєць
a kon koni

сова
a owru kuku

птах
a fowru

лебідь
a gansi

кабан
a werder agu

олень
a dia

лось
a dia

гребля
a dan

вітряк
a winti miri

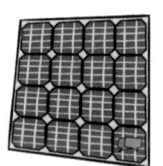

сонячний модуль
a son planga

клімат
a weer

16 ландшафт - a landschap

ресторан
a restaurant

- офіціант / a diniman
- меню / a nyankarta
- стілець / a sturu
- суп / a supu
- піца / a pissa
- столові прилади / nefi nanga forku
- скатертина / tafra duku

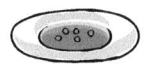

закуска
a fesi nyanyan

друга страва
a moro prenspari sortu nyan

десерт
a switi sani

напої
a dringi

їжа
a nyan

пляшка
a batra

фаст-фуд

a fastfood

вулична їжа

strati nyanyan

чайник

a tépatu

цукорниця

sukru patu

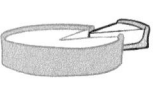

порція

a krab'patu

еспресо-машина

a espressomasyin

високий стільчик

a pikin sturu

рахунок

a borgu

піднос

a brakri

ніж

a nefi

вилка

a forku

ложка

a spun

чайна ложка

a téspun

серветка

a servet

склянка

a grasi

ресторан - a restaurant

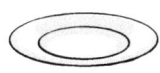

тарілка

a preti

тарілка для супу

a supu preti

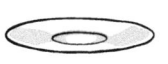

блюдце

a skotriki

соус

a sowsu

солонка

a sowtupatu

млин для перцю

a pepre miri

оцет

a asin

масло

a oli

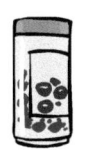 

спеції

den specerij

кетчуп

a ketchup

гірчиця

a mosterd

майонез

a mayonaise

ресторан - a restaurant

супермаркет

a wenkri

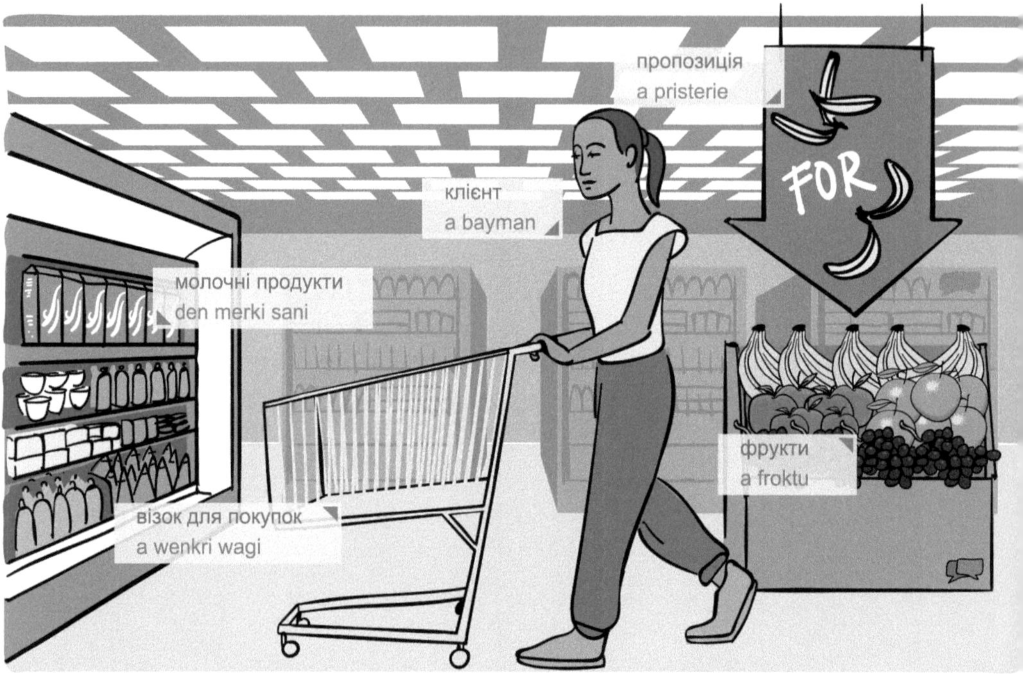

пропозиція
a pristerie
FOR
клієнт
a bayman
молочні продукти
den merki sani
фрукти
a froktu
візок для покупок
a wenkri wagi

BUTCHERS

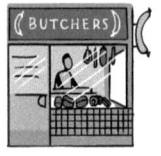

м'ясний магазин

a srakti-oso

BAKERY

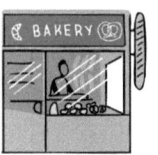

пекарня

a bakri-oso

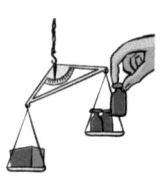

зважувати

wegi

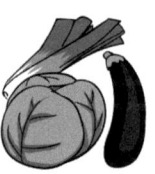

овочі

a gruntu

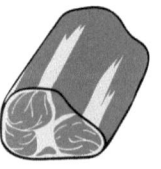

м'ясо

a meti

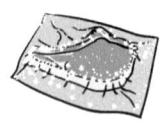

заморожені продукти

den ijskasi sani

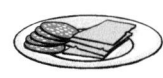

ковбасна нарізка
a kowru meti

консерви
a blik nyan

пральний порошок
a wasi sani

солодощі
a switi sani

предмети домашнього побуту
den oso sani

мийний засіб
a sani fu krin

продавщиця
a seri sma

каса
a kas

касир
a kasman

список покупок
a bai marki

часи роботи
den opo yuru

гаманець
a portmoni

кредитна картка
a kreditkarta

сумка
a tas

поліетиленовий пакет
a plastik saka

супермаркет - a wenkri

напої
a dringi

вода
a watra

сік
a sap

молоко
a merki

кола
a kola

вино
a win

пиво
a biri

алкоголь
a sopi

какао
a skrati

чай
a té

кава
a kofi

еспресо
a espresso

капучіно
a kappuccino

їжа

a nyan

банан
a bakba

яблуко
a apra

апельсин
a apresina

кавун
a watramun

лимон
a sitrun

морква
a rutu

часник
a konofroku

бамбук
a bambu

цибуля
a aiun

гриб
den todoprasoro

горішки
den noto

локшина
a pasta

спагеті
a spaghetti

рис
a alesi

салат
a salade

картопля фрі
a patata

смажена картопля
den baka patata

піца
a pissa

гамбургер
a burger

бутерброд
a brede

шніцель
a schnitsel

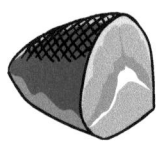

шинка
a ameti

салямі
a salami

ковбаса
a worst

курка
a kafowru

печеня
a bakadina

риба
a fisi

їжа - a nyan

вівсяні пластівці

a hafermout

мюслі

a muesli

кукурудзяні пластівці

den karuflakes

борошно

a blon

круасан

a croissant

булочка

den brede

хліб

a brede

тостовий хліб

a baka brede

печиво

a buskutu

масло

a botro

сир

a kwark

пиріг

a kuku

яйце

a eksi

яєчня

a baka eksi

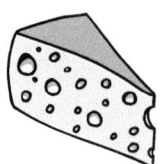

сир

a kasi

їжа - a nyan 25

морозиво

a ice-cream

цукор

a sukru

мед

a oni

мармелад

a jam

нуга-крем

a sukruskrati pasta

карі

a kerrie

ферма
a burugron

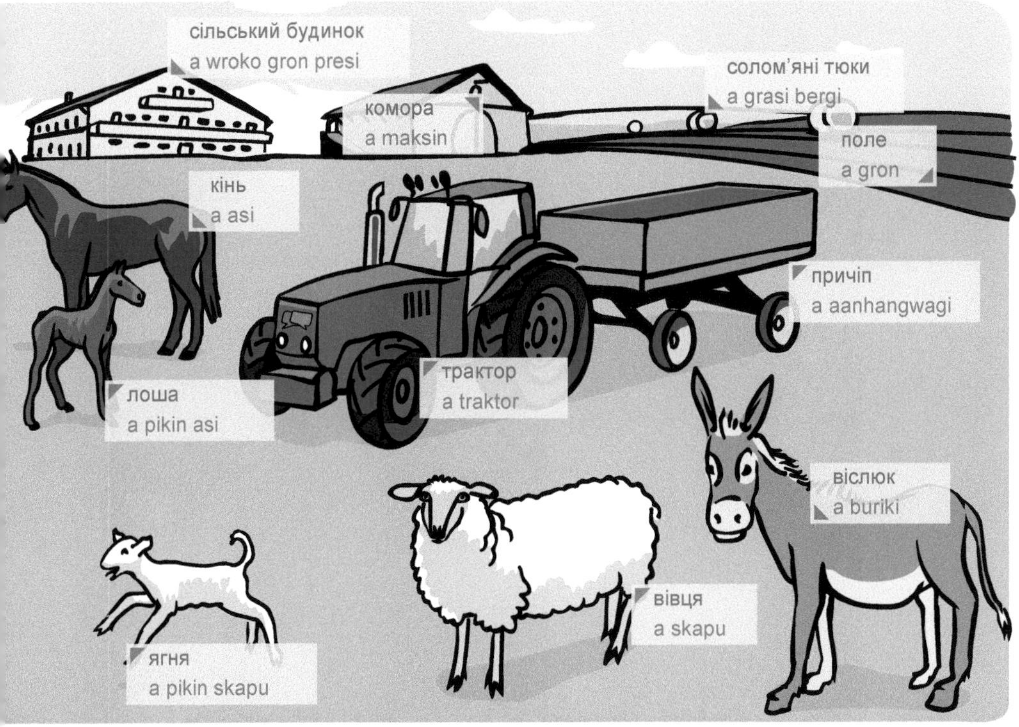

сільський будинок
a wroko gron presi

комора
a maksin

солом'яні тюки
a grasi bergi

поле
a gron

кінь
a asi

причіп
a aanhangwagi

лоша
a pikin asi

трактор
a traktor

віслюк
a buriki

вівця
a skapu

ягня
a pikin skapu

коза
a krabita

корова
a kaw

теля
a pikin kaw

свиня
a agu

порося
a pikin agu

бик
a burkaw

ферма - a burugron

гусак
a gansi

качка
a doksi

курча
a pikin fowru

курка
a fowru

півень
a kakafowru

щур
a alata

кіт
a puspusi

миша
a moismoisi

віл
a burkaw

собака
a dagu

собача будка
a dagu pen

садовий шланг
a tuinslang

лійка
a watra kan

коса
a nefi

плуг
a pluga

ферма - a burugron

серп
a babun-nefi

мотика
a tyapu

вила
a forku

сокира
a beyri

тачка
a kroiwagi

корито
a baki

бідон молока
a merki kan

мішок
a saka

паркан
a skotu

хлів
a pen

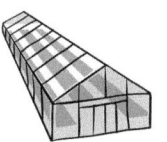
теплиця
a grun kasi

ґрунт
a gron

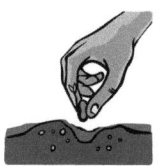
насіння
a siri

добриво
a doti

комбайн
a maaidorser

ферма - a burugron

пожинати
koti

урожай
a nyanyan

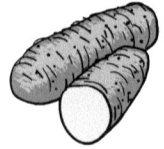
корінь ямсу
a yami

пшениця
a aleisi

соя
a soja

картопля
a patata

кукурудза
a karu

ріпак
a koro siri

плодове дерево
a froktu bon

маніок
a kasaba

злаки
den siri

ферма - a burugron

дім
a oso

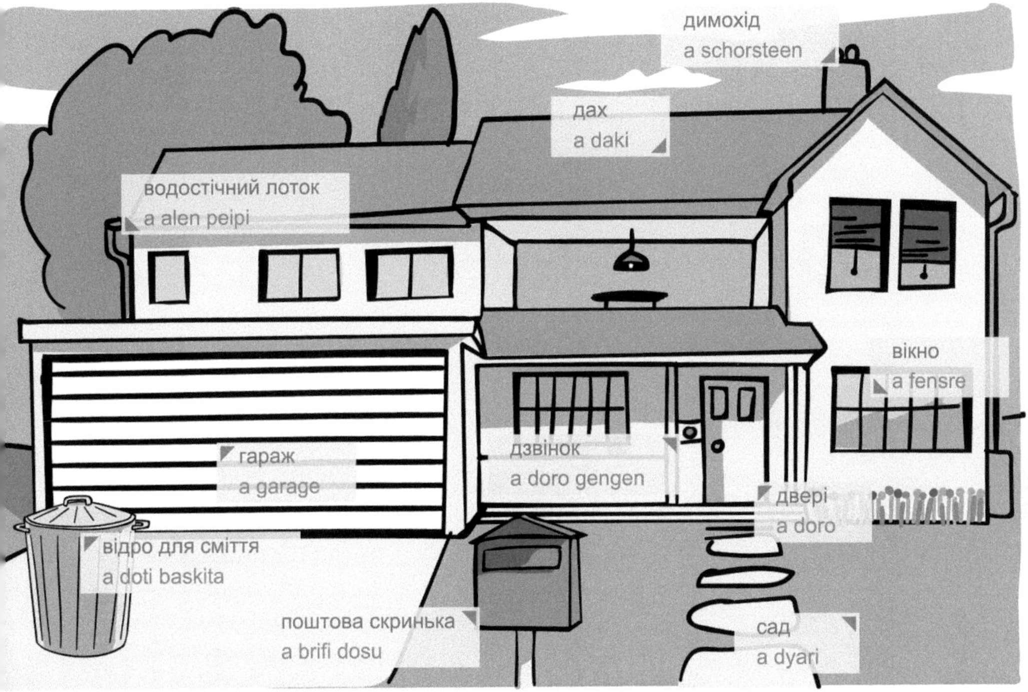

- димохід — a schorsteen
- дах — a daki
- водостічний лоток — a alen peipi
- вікно — a fensre
- гараж — a garage
- дзвінок — a doro gengen
- двері — a doro
- відро для сміття — a doti baskita
- поштова скринька — a brifi dosu
- сад — a dyari

вітальня

a foroisi

ванна кімната

a was oso

кухня

a botrali

спальня

a sribikamra

дитяча кімната

a pikin kamra

їдальня

a nyanyan kamra

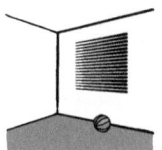

підлога

a gron

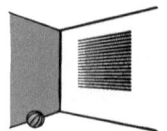

стіна

a skotu

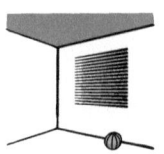

стеля

a plafon

підвал

a kedre

сауна

a sauna

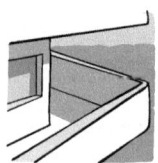

балкон

a barkon

тераса

a terras

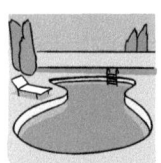

басейн

a swen presi

косарка

a waimasyin

простирало

a sribikrosi

ковдра

a sribikrosi

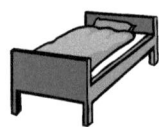

ліжко

a bedi

мітла

a sisibi

відро

a embre

перемикач

a san fu leti faya

дім - a oso

вітальня
a foroisi

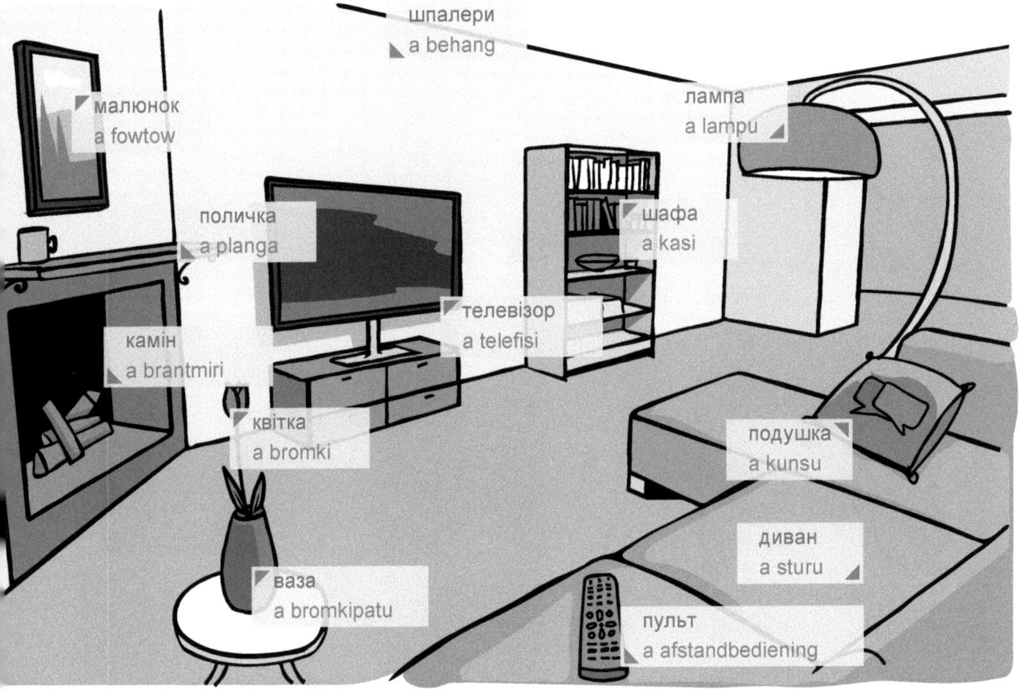

шпалери
a behang

малюнок
a fowtow

лампа
a lampu

поличка
a planga

шафа
a kasi

телевізор
a telefisi

камін
a brantmiri

подушка
a kunsu

квітка
a bromki

диван
a sturu

ваза
a bromkipatu

пульт
a afstandbediening

килим

a matamata

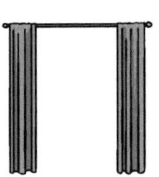

завіса

a garden

стіл

a tafra

стілець

a sturu

крісло-гойдалка

a boboisturu

крісло

a sturu

книга

a buku

ковдра

a tapun

прикраса

a pranpran

дрова

a udu

фільм

a kino

стереосистема

a stereo-installatie

ключ

a sroto

газета

a koranti

картина

a skedrei

плакат

a poster

радіо

a konkrudosu

блокнот

a skrifi buku

пилосос

a stofsuiger

кактус

a kaktus

свічка

a kandra

вітальня - a foroisi

кухня
a botrali

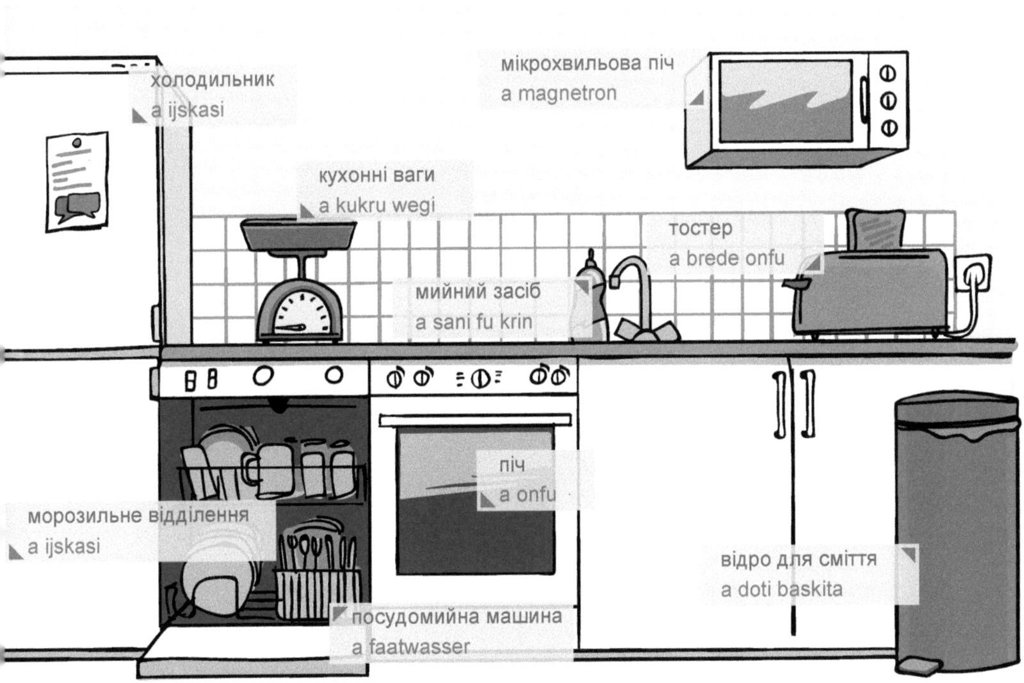

холодильник
a ijskasi

мікрохвильова піч
a magnetron

кухонні ваги
a kukru wegi

тостер
a brede onfu

мийний засіб
a sani fu krin

піч
a onfu

морозильне відділення
a ijskasi

відро для сміття
a doti baskita

посудомийна машина
a faatwasser

плита

a onfu

горщик

a patu

чавунний горщик

a isri patu

вок / кадай

a wok / kadai

сковорода

a pan

чайник

a ketre

кухня - a botrali

35

пароварка

a dampupatu

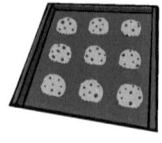

лист

a baka preti

посуд

den tafra-sani

кухоль

a kan

чаша

a koba

палички для їжі

den nyantiki

черпак

a supu spun

лопатка

a spatel

вінчик для збивання

a klutser

сито

a fergiet

сито

a dorodoro

терка

a gritigriti

ступка

a mortier

барбекю

a barbakoto

багаття

a faya presi

дошка
a koti planga

качалка
a blon lolo

штопор
a korkutreki

конзерва
a tromu

відкривачка
a knefi fu opo blik

прихватки
a patu duku

раковина
a wasibaki

щітка
a bosro

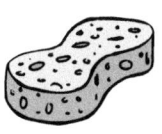
губка
a sponsu

міксер
a blender

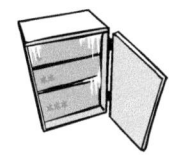
морозильна камера
a ijskasi

дитяча пляшка
a beibi batra

кран
a kran

кухня - a botrali

ванна кімната
a was oso

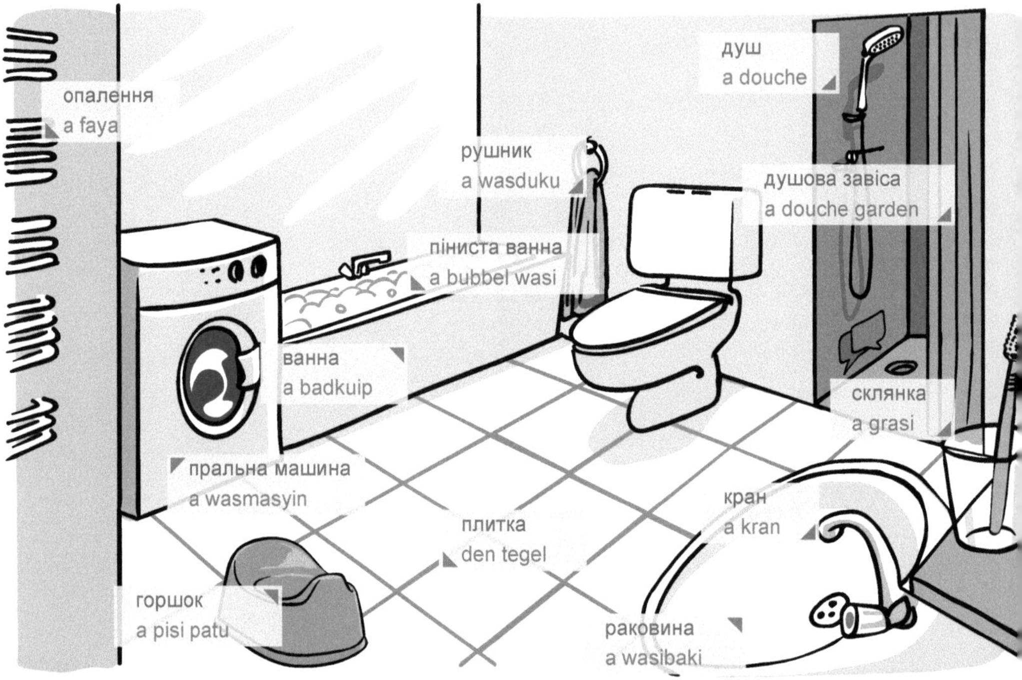

- опалення — a faya
- душ — a douche
- рушник — a wasduku
- душова завіса — a douche garden
- пінниста ванна — a bubbel wasi
- ванна — a badkuip
- склянка — a grasi
- пральна машина — a wasmasyin
- кран — a kran
- плитка — den tegel
- горшок — a pisi patu
- раковина — a wasibaki

туалет
a kumakoisi

підлоговий туалет
a kumakoisi

біде
a bidet

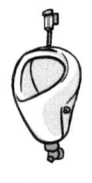

пісуар
a pisi presi

туалетний папір
a kumakoisi papira

щітка для туалету
a kumakoisi bosro

зубна щітка
a tifi bosro

зубна паста
a tandpasta

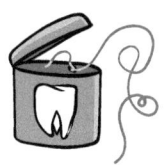
нитка для чищення зубів
a floss

мити
wasi

ручний душ
a douche

інтимний душ
a kumakoisi douche

таз
a was koba

щітка для спини
a baka bosro

мило
a sopo

гель для душу
a douchegel

шампунь
a sopo

мочалка
a was krosi

водостік
a afvoer

крем
a krème

дезодорант
a okselstik

ванна кімната - a was oso

дзеркало
a spikri

косметичне дзеркало
a moimoi fu fesi spikri

бритва
a sebinefi

піна для гоління
a sebiskuma

лосьйон після гоління
a aftershave

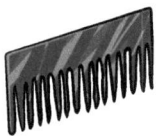

гребінь
a kankan

щітка
a bosro

фен
a wiri drei masyin

лак для волосся
a wirispray

косметика
a moimoi fu fesi

губна помада
a lippenstift

лак для нігтів
a nangra ferfi

вата
den katun

ножиці для нігтів
a nangra sey

парфум
a switi smeri

ванна кімната - a was oso

косметичка

a tas gi krin sani

табурет

a kroku

ваги

a wegi

халат

a was dyaki

гумові рукавички

den handschoen fu krin

тампон

a tampon

гігієнічні прокладки

a munduku

біотуалет

a kumakoisi

ванна кімната - a was oso

дитяча кімната
a pikin kamra

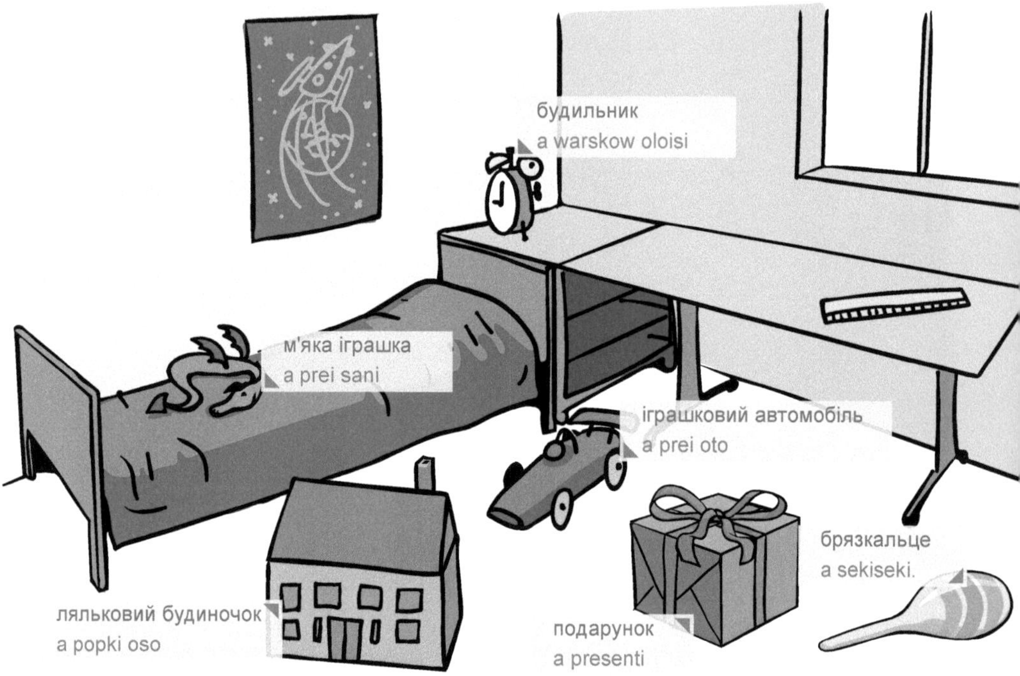

будильник
a warskow oloisi

м'яка іграшка
a prei sani

іграшковий автомобіль
a prei oto

ляльковий будиночок
a popki oso

подарунок
a presenti

брязкальце
a sekiseki

повітряна кулька

a ballon

ліжко

a bedi

дитячий візок

a beibiwagi

картярська гра

a paki karta

пазл

a laytori

комікс

a strip torie

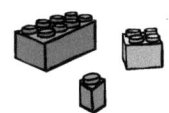
лего цеглинки
den lego ston

блоки
den prei sani

іграшкова фігурка
a aktiefiguurtje

повзунки
a beibikrosi

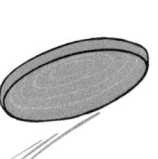
фризбі
a frisbee

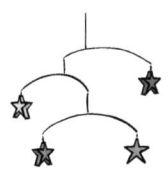
мобіле
a mobile

настільна гра
a prei tapu bord

кубик
a prei ston

модель залізнична станція
a prei sani loko

соска
a bobimofo

вечірка
a fesa

книжка з картинками
a prenki buku

м'яч
a bal

лялька
a popki

грати
prei

дитяча кімната - a pikin kamra

пісочниця
a santi baki

гойдалка
a boboisturu

іграшка
den preisani

гральна консоль
a prei komputer

триколісний велосипед
a baysigri

плюшевий мішка
a prei sani

шафа
a krosikasi

одяг
a krosi

шкарпетки
den kowsu

панчохи
den kowsu

колготки
a kowsu

шарф
a sjaal

парасоля
a prasoro

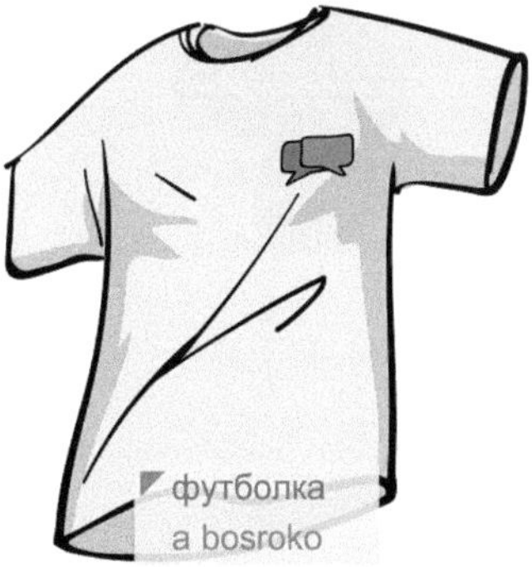

футболка
a bosroko

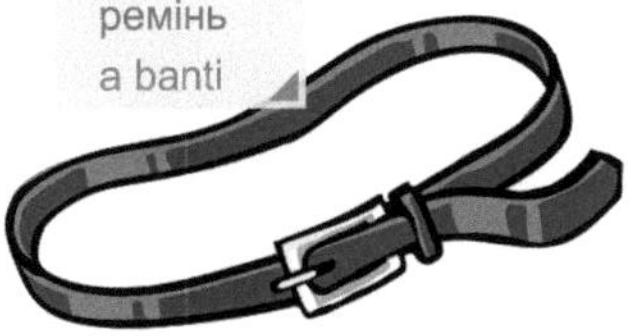

ремінь
a banti

кросівки
den pata

чоботи
a buta

домашнє взуття
den slipper

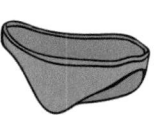

сандалі
den susu

взуття
den susu

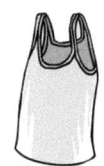

гумові чоботи
a buta

труси
a jockey

бюстгальтер
a bh

нижня сорочка
a kamsoro

одяг - a krosi

боді
a skin

штани
a bruku

джинси
a jeansbruku

спідниця
a koto

блузка
a blus

сорочка
a empi

пуловер
a empi

светр
a dyaki

піджак
a djakti

куртка
a dyakti

пальто
a alendyakti

дощовик
a alendyakti

костюм
a paki

сукня
a yapon

весільна сукня
a trowyapon

одяг - a krosi

костюм
a paki

нічна сорочка
a sribikrosi

піжама
a sribikrosi

сарі
a sari

головна хустка
a angisa

чалма
a tulband

бурка
a burka

кафтан
a kaftan

абая
a abaya

купальник
a swenkrosi

плавки
a swenbruku

шорти
a syatu bruku

тренувальний костюм
a training paki

фартух
a feskoki

рукавички
a handschoen

гудзик

a knopo

окуляри

a aygrasi

браслет

a anubuy

ланцюг

a keti

кільце

a linga

сережка

a yesilinga

шапка

a ati

плічка

a krosi anga

капелюх

a ati

краватка

a tay

застібка-блискавка

a rits

шолом

a feti musu

підтяжки

a bretel

шкільна форма

a sem skoro krosi

уніформа

a sem krosi

одяг - a krosi

нагрудник
a slabbetje

соска
a bobimofo

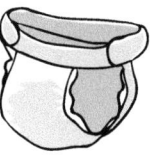

підгузок
a pisiduku

офіс
a kantoro

- шаф для документів — a archief kasi
- сервер — a server
- принтер — a printer
- монітор — a monitor
- папір — a papira
- письмовий стіл — a tafra
- миша — a moisi
- папка — a map
- синтезатор — a keyboard
- кошик для паперу — a doti embre
- комп'ютер — a komputer
- стілець — a sturu

кавовий кухоль
a kofi kan

калькулятор
a kalkulator

інтернет
a internet

ноутбук

a laptop

лист

a brifi

повідомлення

a boskopu

мобільний телефон

a konkrutitei

мережа

a neti

копіювальний пристрій

a kopi masyin

програмне забезпечення

a software

телефон

a konkrutitei

розетка

a stopkontakt

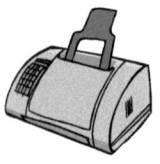

факс

a fax masyin

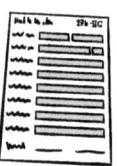

бланк

a formulier

документ

a papira

офіс - a kantoro

економіка
a ekonomia

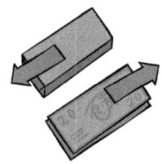
купувати
bai

платити
pai

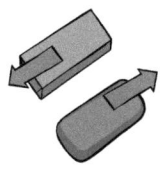
торгувати
du

гроші
a moni

долар
a dollar

євро
a euro

ієна
a yen

рубль
a rubel

франк
a frank

юанів женьміньбі
a renminbi yuan

рупія
a rupie

банкомат
a monimasyin

обмінний пункт
a kenki kantoro

золото
a gowtu

срібло
a solfru

нафта
a oli

енергія
a krakti

ціна
a prijs

контракт
a kontrakti

податок
a lantimoni

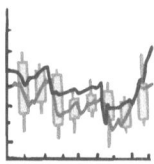
акція
a pisi

працювати
wroko

працівник
a wrokoman

роботодавець
a wrokobasi

фабрика
a fabrik

магазин
a wenkri

економіка - a ekonomia

професії
den kari

поліцейський
a skowtu

пожежник
a brandweerman

повар
a boriman

лікар
a datra

пілот
a piloot

садівник
a djariman

столяр
a temreman

швачка
a modist

суддя
a krutubasi

хімік
a scheikunde sma

актор
a akteur

водій автобуса
a bus sjafeur

таксист
a taximan

рибалка
a fisiman

прибиральниця
a krinsma

покрівельник
a dakitapu man

офіціант
a diniman

мисливець
a ontiman

художник
a ferfiman

пекар
a bakriman

електрик
a elektrikman

будівельник
a bow-wroko man

інженер
a ensjinoru

забійник
a sraktiman

бляхар
a loodgieter

листоноша
a postbode

солдат
a srudati

архітектор
a architekt

касир
a kasman

флорист
a bromkisma

перукар
a seti sma wiri man

кондуктор
a kondukteur

механік
a monteur

капітан
a kapten

дантист
a tifidatra

вчений
a sabiman

рабин
a Dyu domri

імам
a Moslim domri

монах
a moniki

пастор
a priester

професії - den kari

інструменти
a wrokosani

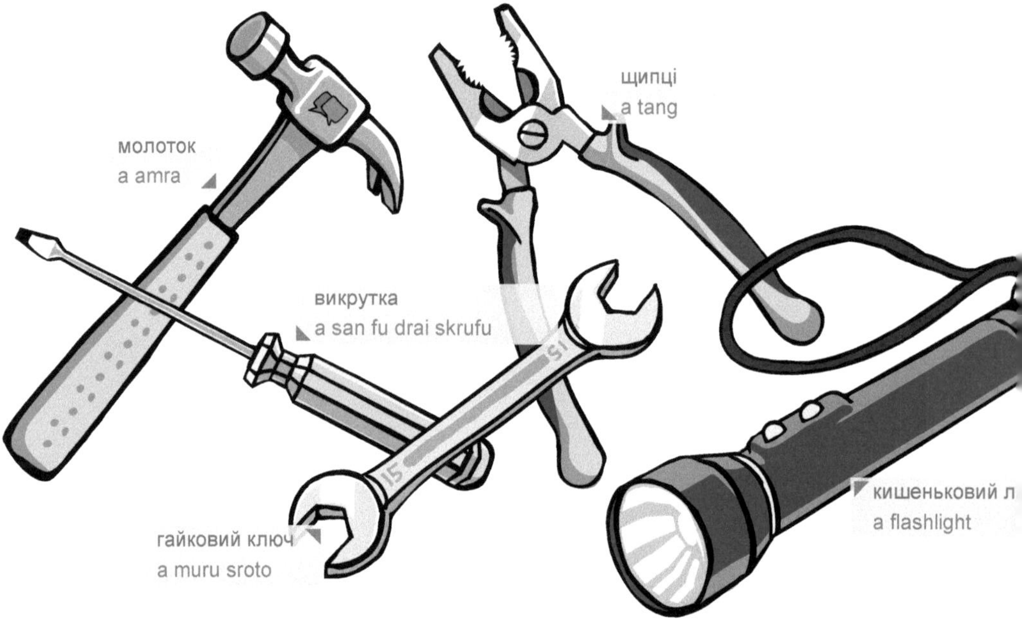

щипці
a tang

молоток
a amra

викрутка
a san fu drai skrufu

гайковий ключ
a muru sroto

кишеньковий л
a flashlight

екскаватор
a dikimasyin

ящик для інструментів
a wrokosani kisi

драбина
a trapu

пилка
a sa

цвяхи
den spikri

свердло
a boro

ремонтувати
meki

лопата
a skepi

лайно!
Baya!

совок
a stofblik

відро з фарбою
a ferfi patu

гвинти
den skrufu

музичні інструменти
den poku sani

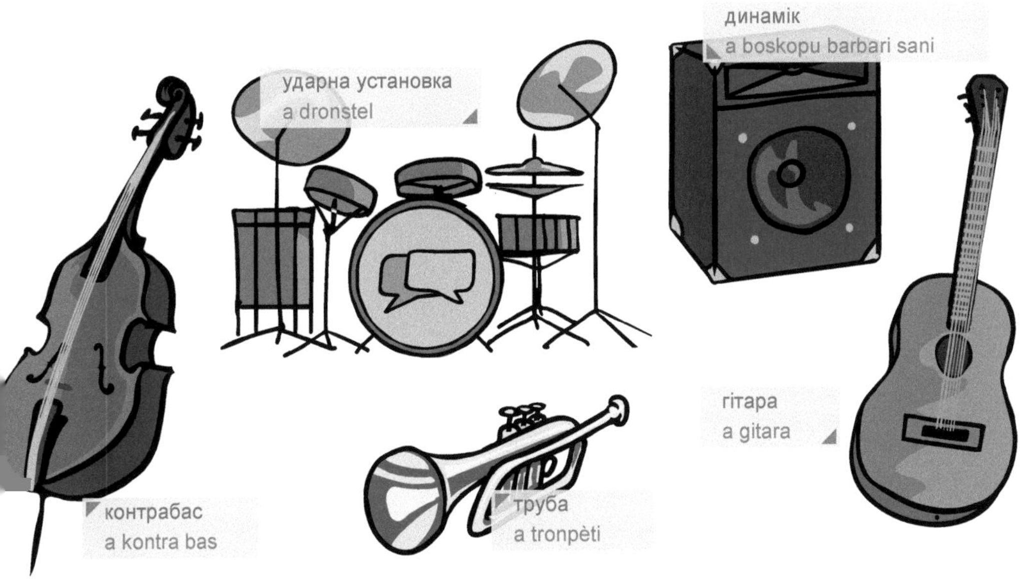

ударна установка
a dronstel

динамік
a boskopu barbari sani

гітара
a gitara

контрабас
a kontra bas

труба
a tronpèti

фортепіано
a piano

скрипка
a finyoro

бас
a bas

литаври
a pauk

барабан
a dron

клавіатура
a keyboard

саксофон
a saxofon

флейта
a froiti

мікрофон
a mikrofon

музичні інструменти - den poku sani

зоопарк
a meti dyari

тигр — a tigri
вхід — a mofodoro
клітка — a pen
зебра — a sabanaburiki
корм — a meti nyan
панда — a panda

тварини
den meti

слон
a asaw

кенгуру
a kangeru

носоріг
a neushoorn

горила
a gorilla

ведмідь
a beer

верблюд

a kameri

страус

a stroisifowru

лев

a lew

мавпа

a monki

фламінго

a korikori

папуга

a popokai

білий ведмідь

a ijsbeer

пінгвін

a pinguïn

акула

a sarki

павич

a prodokaka

змія

a sneki

крокодил

a kaiman

працівник зоопарку

a sma san e sorgu meti

тюлень

a sedagu

ягуар

a penitigri

зоопарк - a meti dyari

поні

a pikin asi

леопард

a penitigri

гіпопотам

a watrabofru

жираф

a giraf

орел

a aka

кабан

a werder agu

риба

a fisi

черепаха

a sekrepatu

морж

a walrus

лисиця

a sabanadagu

газель

a dia

зоопарк - a meti dyari

спорт
a sport

дії
den aktifiteit

стрибати — jompo
обіймати — brasa
сміятися — lafu
йти — waka
співати — singi
молитися — begi
цілувати — bosi
мріяти — dren

писати

skrifi

малювати

hari

показувати

sori

тиснути

pusu

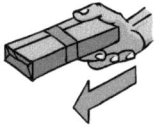

давати

gi

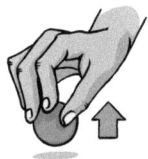

брати

teki

мати
abi

робити
dati

бути
de

стояти
tnapu

бігати
lon

тягнути
hari

кидати
trowe

падати
fadon

лежати
lei

очікувати
wakti

носити
tyari

сидіти
sidon

одягати
weri

спати
sribi

просипатися
wiki

дії - den aktifiteit

дивитися
luku

плакати
krei

гладити
korikori

розчісувати
kan

розмовляти
taki

розуміти
ferstan

питати
aksi

слухати
arki

пити
dringi

їсти
nyanyan

прибирати
krin

любити
lobi

варити
bori

їхати
rei

літати
frei

дії - den aktifiteit

йти під вітрилом
seiri

рахувати
teri

читати
lesi

вчитися
leri

працювати
wroko

одружуватися
trow

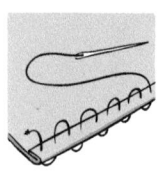
шити
nai

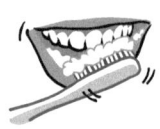
чистити зуби
krintifi

убивати
kiri

курити
smoko

посилати
seni

дії - den aktifiteit

сім'я
a famiri

- бабуся — a granmama
- дідуся — a granpapa
- батько — a papa
- мати — a mama
- немовля — a beibi
- донька — a umapikin
- син — a manpikin

гість
a fisiti

тітка
a tanta

дядько
a omu

брат
a brada

сестра
a sisa

сім'я - a famiri

тіло
a skin

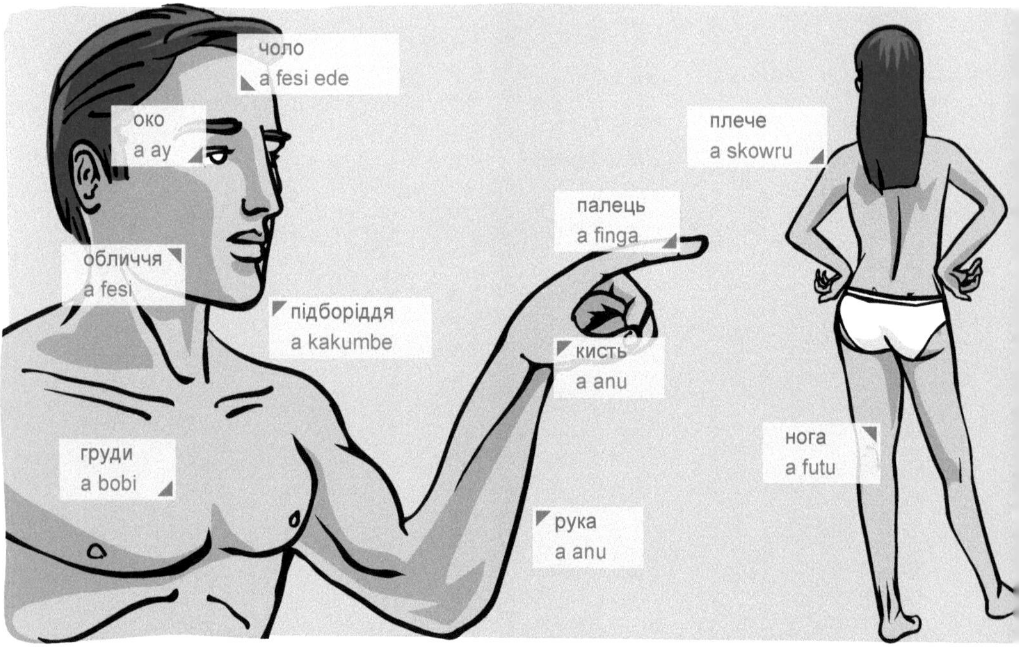

чоло — a fesi ede
око — a ay
обличчя — a fesi
груди — a bobi
підборіддя — a kakumbe
палець — a finga
кисть — a anu
рука — a anu
плече — a skowru
нога — a futu

немовля
a beibi

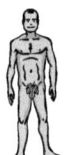

чоловік
a man

жінка
a uma

дівчина
a uma pikin

хлопчик
a boi

голова
a ede

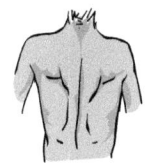
спина
a baka

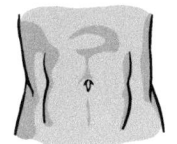
живіт
a bere

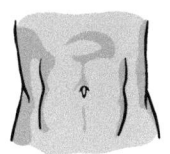
пуп
a kumba

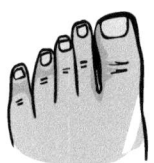
палець ноги
a futufinga

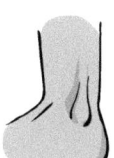
п'ята
a bakafutu

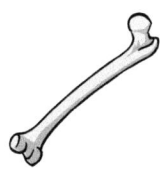
кістка
a bonyo

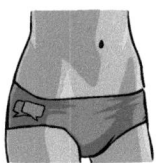
стегно
a djonku

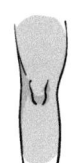
коліно
a kindi

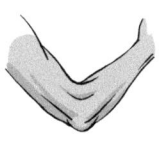
лікоть
a baka anu

ніс
a noso

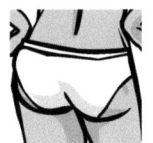
сідниці
a bakasei

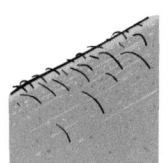
шкіра
a skin

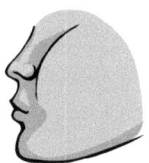
щока
a seifesi

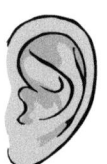
вухо
a yesi

губа
den mofobuba

тіло - a skin

рот
a mofo

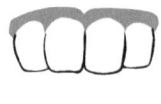
зуб
a tifi

язик
a tongo

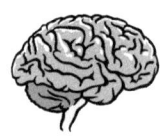
мозок
a ede tonton

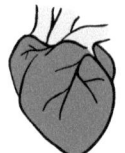
серце
a ati

м'яз
a titei

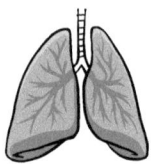
легені
a fokofoko

печінка
a lefre

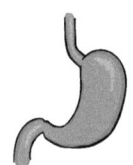
шлунок
a bere

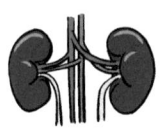
нирки
den niri

статевий акт
a freiri

презерватив
a pipikowsu

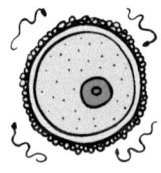
яйцеклітина
a eksi

сперма
a siri

вагітність
a bere

тіло - a skin

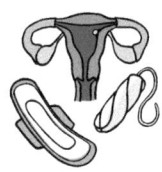

менструація

a munsiki

вагіна

a umapresi

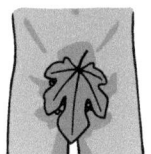

пеніс

a toli

брова

a tapu-ay-wiwiri

волосся

a wiwiri

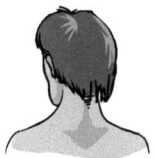

шия

a neki

тіло - a skin

лікарня
a ati oso

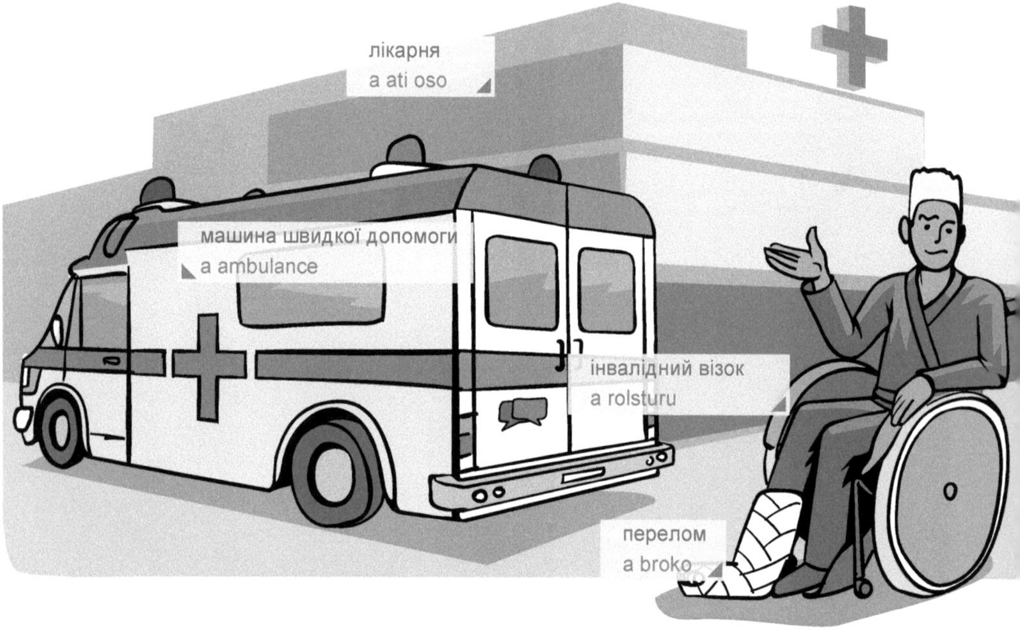

лікарня
a ati oso

машина швидкої допомоги
a ambulance

інвалідний візок
a rolsturu

перелом
a broko

лікар
a datra

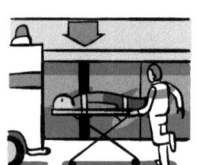

відділення швидкої медичної допомоги
a EHBO

медсестра
a suster

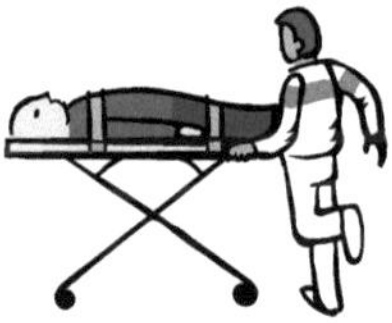

аварійний випадок
a nowtu

непритомний
flaw

біль
a pen

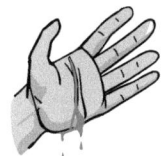

травма
a soro

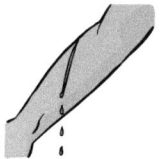

кровотеча
a brudu

інфаркт
a ati siki

інсульт
a bururtu

алергія
a trefu

кашель
koso

лихоманка
a kortsu

грип
a griep

пронос
a lusu bere

головна біль
a ede-ati

рак
a takrusiki

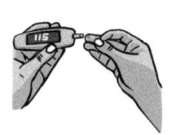

діабет
a sukru

хірург
a chirurg

скальпель
a skalpel

операція
a operâsi

лікарня - a ati oso

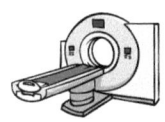

КТ
a CT

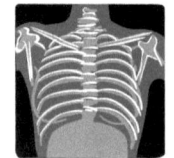

рентген
a röntgen

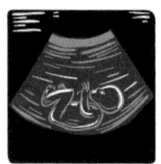

ультразвук
a echo

маска
a fesi maskradu

хвороба
a siki

зал очікування
a wakti kamra

милиця
a kroku

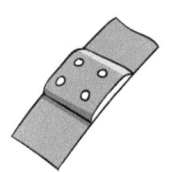

пластир
a duku

пов'язка
a duku

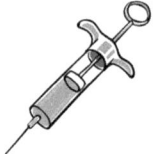

ін'єкція
a spoiti

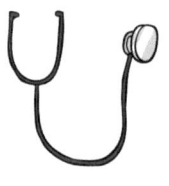

стетоскоп
a stethoskoop

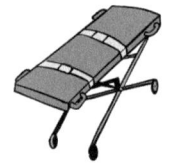

ноші
a brandkard

термометр
a temperatuur marki

народження
a gebore

надмірна вага
a fatu

слуховий апарат
a masyin fu yere

дезінфікуючий засіб
a sani fu krin

інфекція
a dyomposiki

вірус
a firus

ВІЛ / СНІД
a HIV / AIDS

медицина
a dresi

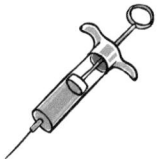
вакцинація
a faksinasi

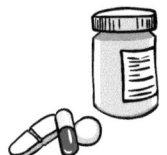
таблетки
den perki

протизаплідна пігулка
a perki

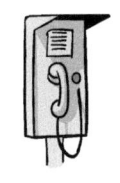
екстрений виклик
a nowtu nomru

тонометр
a brudu marki

хворий / здоровий
siki / gesontu

лікарня - a ati oso

аварійний випадок
a nowtu

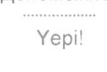

Допоможіть!
Yepi!

сигнал тривоги
a warskow

напад
a feti

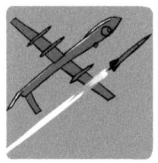

атака
a feti

небезпека
a ogri

аварійний вихід
a nowtu doro

Вогонь!
Faya!

вогнегасник
a fayakiri sani

аварія
a mankeri

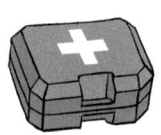

аптечка
a EHBO-kofru

СОС
SOS

поліція
a skowtu

Земля
a grontapu

Європа

Bakrakondre

Північна Америка

Opo-Amerkan

Південна Америка

Suid-Amerkan

Африка

Afrika

Азія

Asi

Австралія

Australia

Атлантика

a Atlantis Se

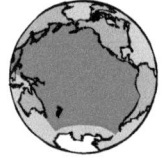

Тихий океан

a Tan tiri Se

Індійський океан

a Indisch Se

Антарктичний океан

a Suidsei Se

Північний Льодовитий океан

a Noordsei Se

Північний полюс

a Noordsei

Південний полюс
a Suidsei

Антарктика
Antartika

Земля
a grontapu

суша
a kondre

море
a se

острів
a eilanti

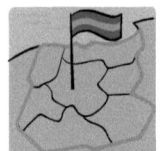
нація
a nâsi

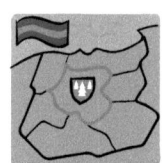
держава
a lanti

годинник
oloisi

циферблат

a oloisi fesi

годинникова стрілка

a yuru sori

хвилинна стрілка

a miniti sori

секундна стрілка

a sekonde sori

Котра година?

O lati a de?

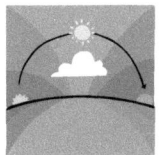

день

a dey

час

a ten

зараз

now

цифровий годинник

a oloisi

хвилина

a miniti

година

a yuru

тиждень
a wiki

Понеділок	Середа	П'ятниця
munde	dridewroko	freida

Вівторок — tudewroko
Четвер — fodewroko
Субота — satra
Неділя — sonde

вчора	сьогодні	завтра
esde	tide	tamara

ранок	опівдні	вечір
a mamanten	a bakadina	a neti

робочі дні	кінець робочого тижня
den wrokodei	a weekend

рік

a yari

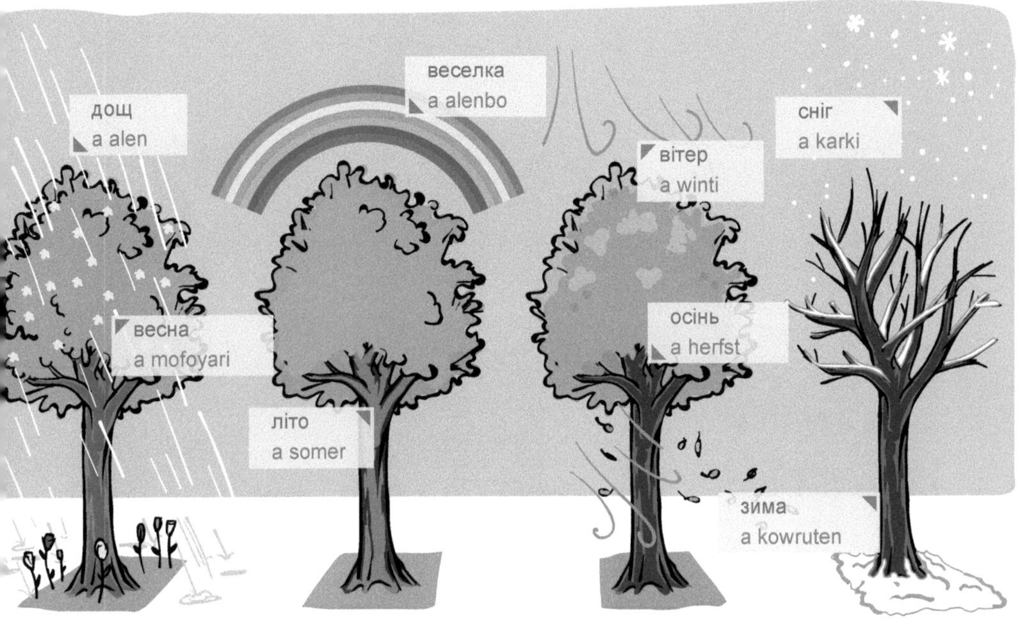

дощ
a alen
веселка
a alenbo
вітер
a winti
сніг
a karki
весна
a mofoyari
літо
a somer
осінь
a herfst
зима
a kowruten

4.APRIL 11°
5.APRIL 4°
6.APRIL 13°
7.APRIL 8°
8.APRIL 10°

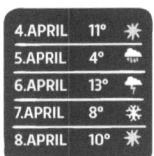

прогноз погоди

a taki fu a weer

F C
120 40
90 30
60 20
30 10
0 0
-30 -10
-20

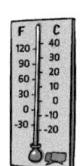

термометр

a thermometer

сонячне світло

a skèin fu a son

хмара

a wolku

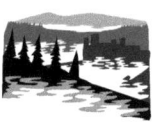

туман

a dow

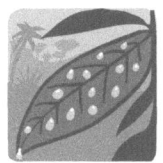

вологість повітря

a loktu foktu

блискавка

a faya

грім

a dondru

шторм

a sekiwatra

град

a agra

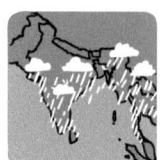

мусон

a bigi skwala

повінь

a frudu

лід

a èisi

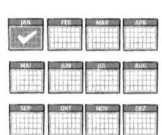

Січень

januari

Лютий

februari

Березень

maart

Квітень

april

Травень

mei

Червень

juni

Липень

juli

Серпень

augustus

рік - a yari

Вересень
september

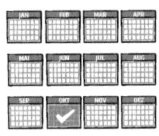
Жовтень
oktober

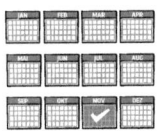
Листопад
nofember

Грудень
december

форми
den form

круг
a lontu

квадрат
a fokanti

прямокутник
a fokanti naga langa sei

трикутник
a dri-uku

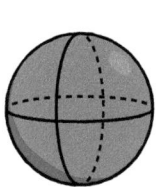
куля
a lontu

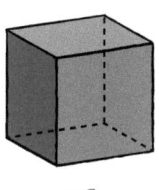
куб
a kubus

фарби
kloru

білий

witi

жовтий

geri

помаранчевий

alanya

рожевий

ròs

червоний

redi

фіолетовий

lila

синій

blaw

зелений

grun

коричневий

broin

сірий

grei

чорний

blaka

протилежності
difrenti

багато / мало
tumsi / wanwan

лютий / мирний
atibron / tiri

гарний / бридкий
moi / takru

початок / кінець
begin / kba

великий / малий
bigi / ptyin

світлий / темний
lekti / dungru

брат / сестра
brada / sisa

чистий / брудний
krin / doti

завершений / незавершений
krinkrin / no bun nofo

день / ніч
dei / neti

мертвий / живий
dede / libi

широкий / вузький
bradi / smara

їстівний / неїстівний
kan nyan / no kan nyan

злий / дружній
takru / bun

збуджений / нудьгуючий
prisiri / ferferi

товстий / тонкий
fatu / fini

спочатку / востаннє
fosi / lasti

друг / ворог
mati / feyanti

повний / порожній
furu / leigi

жорсткий / м'який
tranga / safu

важкий / легкий
hebi / lekti

голод / спрага
angri / dreineki

хворий / здоровий
siki / gesontu

незаконний / законний
no gi pasi / tru

розумний / дурний
koni / don

вліво / вправо
kruktu / leti

поруч / далеко
gi / fara

протилежності - difrenti

новий / використаний

nyun / owru

нічого / щось

noti / wan sani

старий / молодий

owru / jongu

вкл / викл

leti / tapu

відкрито / закрито

oro / tapu

тихо / гучно

safu / tranga

багатий / бідний

gudu / poti

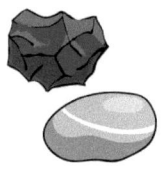

правильно / неправильно

bun / fowtu

шорсткий / гладкий

grofu / grati

сумний / щасливий

sari / breiti

короткий / довгий

shatu / langa

повільно / швидко

loli / esi esi

вологий / сухий

nati / drei

гарячий / холодний

warang / kowru

війна / мир

feti / freide

протилежності - difrenti

числа
den nomru

0 нуль — noti

1 один — wan

2 два — tu

3 три — dri

4 чотири — fo

5 п'ять — feifi

6 шість — siksi

7 сім — seibi

8 вісім — aiti

9 дев'ять — neigi

10 десять — tin

11 одинадцять — erfu

12 дванадцять
twarfu

13 тринадцять
tin-na-dri

14 чотирнадцять
tin-na-fo

15 п'ятнадцять
tin-na-feifi

16 шістнадцять
tin-na-siksi

17 сімнадцять
tin-na-seibi

18 вісімнадцять
tin-na-aiti

19 дев'ятнадцять
tin-na-neigi

20 двадцять
twenti

100 сто
hondru

1.000 тисяча
dusun

1.000.000 мільйон
milyun

числа - den nomru

МОВИ
den tongo

англійська

Ingristongo

американська англійська

Amerkan Ingristongo

китайська високочиновницька

Sneisi Mandarijntongo

хінді

Hinditongo

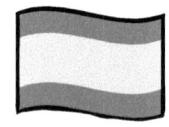

іспанська

Spanyoro

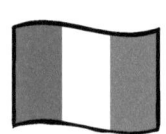

французька

Frans

арабська

Arabiatongo

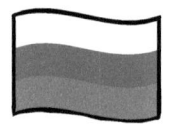

російська

Rusitongo

португальська

Potogisi

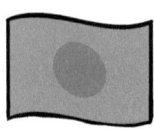

бенгальська

Bengalitongo

німецька

Doisritongo

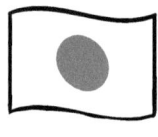

японська

Japantongo

хто / що / як
suma / sang / fa

я
mi

ти
yu

він / вона / воно
en / en / en

ми
unu

ви
yu

вони
den

хто?
suma?

що?
san?

як?
fa?

де?
pe?

коли?
oten?

ім'я
a nen

де
ре

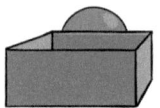

ззаду

baka

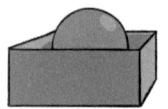

в

ini

перед

fesi

над

abra

на

tapu

під

ondro

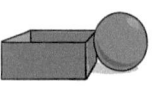

біля

na sei

між

mindri

місце

presi